SOCIÉTÉ POLYTECHNIQUE MILITAIRE

ARTILLERIE

SOUVENIRS DE L'ARMÉE DE METZ

Conférence faite au Cercle Militaire, le 19 Janvier 1912, par le général de division Lebon, ancien membre du Conseil supérieur de la guerre.

PARIS
SOCIÉTÉ ANONYME DE L'IMPRIMERIE KUGELMANN
(L. CADOT, Directeur)
12 — Rue de la Grange-Batelière — 12

1912

à Monsieur Germain Bapst
Cordial Souvenir
Gen'l G. Lebon.

ARTILLERIE

SOUVENIRS DE L'ARMÉE DE METZ

Conférence faite au Cercle Militaire, le **19 janvier 1912**, par le général de division Lebon, ancien membre du Conseil supérieur de la guerre.

Messieurs,

Je suis très touché que votre président ait pensé à moi pour faire une conférence devant votre Société, si belle et si prospère.

Je l'en remercie de tout cœur.

Mais, si vous le voulez bien, cette conférence ne sera qu'une simple causerie dans laquelle je voudrais évoquer quelques-uns de mes souvenirs personnels, — souvenir vécus, — de la campagne sous Metz, en me plaçant plus particulièrement au point de vue de l'emploi de l'artillerie.

Je choisirai ceux de mes souvenirs qui peuvent fournir encore aujourd'hui des enseignements.

Mais, pour comprendre les faits qui se sont déroulés sous Metz, même ceux qui paraissent d'ordre purement technique, il est indispensable de se rendre compte de l'état d'âme dans lequel se trouvait le haut commandement quand nous sommes revenus de la frontière vers Metz.

On néglige souvent de le faire et on tire alors des événements des conclusions fausses ou erronées.

En d'autres termes, la campagne sous Metz ne doit pas être étudiée en se plaçant au point de vue strictement et exclusivement militaire. Certes, on a raison de montrer ce qui aurait dû être fait au point de vue de ce qu'on appelle aujourd'hui la doctrine ; mais on a tort d'en conclure que tous les chefs de l'armée de Metz ignoraient *tout* de cette doctrine, qu'ils étaient des incapables, et ne possédaient pas, notamment, l'esprit offensif.

Bourbaki, Lebœuf, Ladmirault, Canrobert, de Cissey, etc., pour ne citer que ceux-là, n'étaient-ils pas animés de l'esprit offensif autant que personne l'a jamais été et le sera jamais ? Ils étaient parfaitement capables de faire autre chose que ce qu'ils ont fait ; pour expliquer les événements, il faut se rendre compte du désarroi moral, dont je parlerai tout à l'heure, dans lequel se trouvèrent le gouvernement et le haut commandement dès le début de la campagne.

Quant à la troupe, elle était pleine de confiance et d'espoir dans une vigoureuse offensive.

Deux jours avant la bataille de Spickeren, le général de Berckheim, commandant la réserve d'artillerie du 3e corps (ce qu'on appellerait aujourd'hui l'artillerie de corps du 3e corps), nous avait réunis.

S'adressant aux batteries de 4, il avait expliqué qu'avec une tactique offensive, nos batteries de 4, grâce à leur légèreté et à leur extrême mobilité, tiendraient tête avantageusement aux batteries allemandes, plus puissantes, mais plus lourdes. Pendant ce discours, nous autres, officiers des deux batteries de 12, étions déconfits. Il semblait que nous allions aller à Berlin sans que nous tirions un coup de canon. Le général, devinant notre sentiment, se tourna vers notre groupe de neuf officiers, et nous dit, en terminant :

« Que ces messieurs des batteries de 12 se rassurent, ils auront aussi un rôle à jouer. »

Quarante-huit heures après, c'est-à-dire à partir de la bataille de Spickeren, on ne jurait plus que par le 12 ; chaque divisionnaire voulait avoir une batterie de 12 ; et le maréchal Lebœuf, quand il devint commandant du 3e corps, disait un jour : « J'ai quatre divisionnaires d'infanterie et seulement deux batteries de 12 sur vingt batteries ; comment veulent-ils que je leur donne à chacun une batterie de 12 »

Le 12 était certainement lourd et, quand les terres étaient très détrempées, quand nos attelages étaient réduits à quatre chevaux au lieu de six, qu'ils avaient été surmenés, il nous arrivait d'être obligés de laisser momentanément des pièces sur la route pour renforcer les attelages des autres ; on venait ensuite rechercher les pièces restées en arrière. Eh bien ! cependant, nous arrivâmes toujours à temps là où on nous demandait.

On ne manquait pas chaque fois de nous dire . « Allez vite... au galop ! » et quand nous arrivions au point indiqué, ayant éreinté nos attelages, nous attendions parfois une demi-heure ou une heure avant d'être employés.

Si j'insiste là-dessus, c'est parce que j'ai vu combien à la guerre, plus qu'ailleurs, il ne faut pas confondre diligence et précipitation, combien est dangereux l'affolement résultant de la précipitation, et combien il est fréquent. C'est un écueil contre lequel il faut réagir avec la plus grande rigueur, dès le temps de paix.

Je veux aussi répondre par là au reproche que l'on fait quelquefois à notre matériel actuel d'être trop lourd. Ce sont les manœuvres du temps de paix qui font rechercher un matériel ultra-léger ; une fois devant l'ennemi, on ne veut plus qu'un matériel puissant et, par conséquent, plus lourd.

J'en causais, quelques années après la guerre, avec le général de Miribel : il partageait complètement mon avis, qui était aussi, me disait-il, celui du général Ducrot.

Rappelez-vous, Messieurs, que quelques années après la guerre, quand on avait encore très présents à l'esprit les événements de 1870, on adopta, comme canon de campagne, le canon de 95 du colonel de Labitolle, qui est aujourd'hui relégué dans les places et sur les côtes.

Les Allemands avaient deux canons, un lourd et l'autre léger. Quand nous avions devant nous des batteries lourdes, les canonniers les reconnaissaient vite au sifflement de l'obus et au bruit de l'éclatement, et j'entendis un jour un loustic s'écrier, en faisant rire ses camarades :

— Voilà les gros pruneaux, c'est le moment de serrer les fesses !

Après cette digression, je reviens au désarroi moral du haut commandement dont je vous parlais tout à l'heure. Quand se produisit-il ? On croit généralement que ce fut après la double défaite de Spickeren et de Froeschwiller, c'est-à-dire après le 6 août.

Tout le monde sait, en effet, que c'est au lendemain de Spickeren, c'est-à-dire le 7 août, que l'armée de Lorraine se mit en retraite vers Metz.

Mais, ce qu'on ne sait guère, c'est que cette retraite était, sinon absolument décidée, du moins projetée au grand quartier général, dès avant Spickeren. Voici comment je l'appris, la veille de Spickeren.

Nous étions bivouaqués à l'ouest de Saint-Avold, près de la grande route de Saint-Avold à Metz. Je me promenais avec mon chef d'escadron, le commandant Jacquot, mort depuis général. Un landau vint à passer : « Tiens, mon vieil ami

Bourbaki, s'écria le commandant Jacquot, en le saluant. »
Bourbaki, le reconnaissant, fit arrêter sa voiture et l'appela.
Au bout de dix minutes, le commandant revint vers moi :
cet homme, qui était connu pour sa vigueur et son énergie
peu ordinaires, avait la physionomie bouleversée ; j'en étais
stupéfait :

— Qu'est-ce que vous avez, mon commandant ? lui dis-je.
— C'est épouvantable, me répondit-il...
— Mais quoi ? répliquai-je.
— Nous repartons pour Châlons.
— Qui repart pour Châlons ? Est-ce nous et nos batteries ?...
— Toute l'armée, me dit-il.

Ainsi, on se déclarait battu, avant même de s'être battu.
D'où provenait donc ce désarroi ?

Certes, on avait été trop vite à la frontière, avant que la
mobilisation des réservistes ne fût terminée. Certains régiments reçurent encore des réservistes à la veille de la bataille
de Borny. Mais, chez les Allemands aussi, il se produisit un
certain désordre dans la concentration, quand, voyant notre
mouvement précipité vers la frontière, ils modifièrent les
points de débarquement d'un grand nombre d'unités.

Si on avait commis une faute par trop de précipitation, ce
n'était pas une raison pour en commettre une bien plus
énorme en décidant de battre en retraite avant d'avoir vu
l'ennemi.

Parmi les causes du désarroi du haut commandement, il
en est une qui saute aux yeux.

Vous savez que l'empereur Napoléon III, malade, souffrait
cruellement de crises extrêmement douloureuses. S'il n'avait
considéré que l'intérêt militaire, il n'aurait jamais dû se
mettre à la tête de l'armée ; mais, dans la situation politique
troublée où l'opinion publique se trouvait pendant les derniers temps de l'Empire, ni l'empereur, ni son entourage
n'auraient admis un seul instant qu'il ne prît pas le commandement de l'armée.

Il n'est pas besoin de développement pour faire comprendre que sa présence au grand quartier général, avec sa
maison militaire, n'y apportait pas la volonté, l'énergie,
l'unité de vues qui auraient dû inspirer les décisions ; en
revanche, elle créait l'irresponsabilité de ses sous-ordres,

l'indécision, et la discussion au lieu de l'action. D'autre part, l'échec de la division Douai, à Wissembourg, le 4 août; la conviction qui se faisait de plus en plus claire sur l'abstention de l'Autriche dont on avait escompté l'intervention ; la surexcitation qui régnait à Paris : tout cet ensemble de circonstances créait un véritable état d'anarchie dans le haut commandement ; et cet état d'anarchie explique comment on ne sut pas profiter, le lendemain, de l'occasion qui s'offrit à nous, à Spickeren, d'infliger un sanglant échec à l'imprudent Steinmetz, en faisant marcher au canon les trois premières divisions du 3ᵉ corps français, au lieu de les laisser errer misérablement toute la journée, faute d'ordres précis et énergiques.

Voulez-vous un exemple, de bien minime importance en lui-même du désordre qui régnait dans les esprits ?

Le 6 août, au matin, jour de la bataille de Spickeren, le colonel de La Jaille me fait appeler à cinq heures et me dit d'aller à Saint-Avold demander au général Decaen, commandant la 4ᵉ division du 3ᵉ corps, quels sont les ordres pour la batterie (de 12) où j'étais lieutenant, et qui était mise pour la journée à sa disposition. Je trouve, non sans peine, le chef d'état-major de la division dans un champ à l'Est de Saint-Avold, assis devant une petite table, dormant la tête appuyée sur sa main. Je le réveille, et à ma question relative aux ordres pour la batterie, il me répond : « Une « batterie de 12 à la disposition de la division Decaen ! Je « n'en sais absolument rien ; en tout cas, elle ne fera pas « grand'chose aujourd'hui ; la division est incapable de « remuer, voilà quarante-huit heures qu'elle fait la navette « entre Saint-Avold et Teterchen. Voyez le général Decaen, il « est parti en reconnaissance sur les plateaux à l'Est avec le « maréchal Bazaine (alors commandant du 3ᵉ corps) et, je « crois, le maréchal Lebœuf. Mais, il y a conseil de guerre « à neuf heures à la mairie de Saint-Avold, vous êtes sûr « de l'y trouver. »

Je retourne à Saint-Avold et je me fais montrer le général Decaen que je ne connaissais pas ; je l'aborde au moment où, mettant pied à terre au milieu d'un groupe d'officiers qui l'entouraient, il allait entrer à la mairie.

— Je viens de la part du colonel de La Jaille vous demander des ordres pour la batterie de 12 mise à votre disposition pour aujourd'hui.

— Une batterie de 12 à ma disposition ! je n'en sais absolument rien, demandez au chef d'état-major de l'artillerie.

Et il entra au conseil de guerre.

Au milieu de la foule compacte qui remplissait la place et les abords de la mairie de Saint-Avold, des camarades me montrèrent le chef d'état-major, à cheval, se frayant péniblement son chemin au milieu de la foule.

— Je viens, lui demandai-je, etc.

— Je n'en sais absolument rien, me répondit-il ; demandez au général de Rochebouet, commandant l'artillerie du 3e corps.

Après de nouvelles recherches, je finis par découvrir la maison où était logé le général de Rochebouet, qui, à ma question : « Je viens de la part du colonel de La Jaille, etc. », appela un des chefs d'escadron de son état-major, lui dit de monter à cheval et de me conduire à l'Est de Saint-Avold, dans la direction de la gare, où il m'indiquerait l'emplacement d'attente que devait occuper ma batterie.

La batterie ne fit rien de la journée. Dans l'après-midi, le commandant Jacquot m'envoya en reconnaissance sur les plateaux du Nord-Est, je vins lui rendre compte qu'on entendait assez distinctement le canon dans la direction de Forbach.

Après Spickeren, comme vous le savez, on part définitivement pour Metz et de là, disait-on, pour Châlons.

Mais ce mouvement, qui, une fois commencé, aurait dû se faire sans perdre une minute, ne s'exécute qu'avec des hésitations ; deux jours après on s'arrête sur la Nied française, et toute l'armée se déploie sur la rive gauche de cette rivière.

Nos batteries y arrivent seulement le 9 août au soir ; le 11 au matin, comme on s'aperçoit que la droite de l'armée se trouve débordée et tournée par l'armée du prince Frédéric-Charles, on reprend le mouvement sur Metz où nous arrivons le 11 dans l'après-midi. Nous bivouaquons au Nord de Borny. Nouvel arrêt devant Metz le 12 et le 13.

Pourquoi toutes ces hésitations dans le mouvement sur Châlons ? On raconte, dans les camps, qu'un envoyé du gouvernement de Paris, Maurice Richard, était venu au grand quartier général mettre l'empereur au courant de la situation à Paris, et on affirme qu'étant donnée cette situation, la révolution éclatera à Paris si l'armée repasse la Moselle.

J'ajouterai que cela paraissait vraisemblable à tous ceux qui, ayant vécu à Paris les derniers temps de l'Empire, étaient au courant de la situation des esprits.

On ne s'étonne donc pas qu'on s'arrête de nouveau, et nous trouvons tout naturel que le 12 août au matin, notre batterie soit envoyée pour construire, avec le concours du génie, une batterie de position au Nord du village de Grigy, près de la route de Strasbourg, au point de jonction entre les bivouacs du 2e corps qui sont au Sud de cette route et ceux du 3e corps qui sont au Nord.

Le maréchal Bazaine, qui commande encore ce jour-là le 3e corps d'armée ; le général Froissart, commandant le 2e corps ; le maréchal Leboeuf et les généraux commandant l'artillerie et le génie des 2e et 3e corps viennent successivement donner leur avis sur l'emplacement de la batterie, dont le tracé fut, par suite, changé plusieurs fois ; si bien qu'en fin de compte, elle fut installée dans des conditions fort médiocres.

C'est dans cette journée que nous apprenons que le maréchal Bazaine est nommé commandant en chef de l'armée française, et que le général Decaen le remplace comme commandant du 3e corps d'armée.

Tout le monde se félicitait de la nomination du maréchal Bazaine ; toutefois, au milieu de la satisfaction générale, un de mes camarades, qui avait fait la campagne du Mexique, nous dit simplement : « Je souhaite que vous ne vous trompiez pas, mais moi qui l'ai vu à l'œuvre au Mexique, je n'ai aucune confiance en lui. »

Dans l'après-midi du 13, je suis chargé d'aller voir si les Allemands sont installés, comme on nous l'avait dit, dans la plaine d'Ars-Laquenixy, à l'Est du bois de la Grange-aux-Bois.

M'étant engagé avec confiance dans ce bois, je reçus à bout portant deux coups de fusil qui m'édifièrent, non seulement sur la présence de l'ennemi à Ars-Laquenixy, mais sur sa pénétration dans le bois.

Si je signale ce fait, c'est que ce fut la présence si rapprochée des Allemands que le maréchal Bazaine invoqua auprès de l'empereur pour retarder encore le franchissement de la Moselle, ayant besoin, disait-il, de livrer un combat pour se donner de l'air.

Le 13 au soir, cependant, nous recevons l'ordre d'être à cheval vers deux heures du matin, prêts à nous diriger sur Metz pour traverser la Moselle. On allait donc, enfin, exécuter ce mouvement décidé, commencé et suspendu, depuis Saint-Avold.

Mais la nuit avance, aucun ordre d'exécution ne nous parvient ; le commandant Jacquot, fort ennuyé de voir les hommes, qui avaient peu ou pas dormi depuis huit jours, passer encore une nuit à côté des pièces attelées, m'envoie provoquer un ordre auprès du général de Berckheim, commandant la réserve d'artillerie du 3e corps, installé dans le village de Borny.

Son chef d'état-major, le colonel Lanty, que je réveillai, me dit n'avoir pas connaissance de l'ordre que nous avions reçu, et m'engage à aller trouver le colonel de La Jaille, resté au bivouac où nous l'avions laissé l'avant-veille, au Nord de Borny.

Le colonel La Jaille, très au courant, lui aussi, des agissements du maréchal Bazaine au Mexique, le voit à la tête de l'armée avec inquiétude. Il n'a reçu aucun ordre pour l'exécution de notre mouvement.

Le maréchal Bazaine, malgré les instances de l'empereur, qui, cette fois, ne voulait plus que l'on perde une minute pour se concentrer au camp de Châlons avec l'armée de Mac-Mahon, le maréchal Bazaine apportait à l'exécution de ce mouvement tous les atermoiements possibles.

Suivant moi (et c'était l'avis de beaucoup d'officiers avec qui j'en ai causé à ce moment-là et pendant les deux mois et demi qui suivirent autour de Metz), le maréchal Bazaine a déjà son idée bien arrêtée : tout faire, sans l'avouer, pour ne pas quitter Metz, et attendre les événements qui se préparent à Paris.

Son principal souci est de décider l'empereur à le quitter, soi-disant pour prendre les devants, afin d'être libre ensuite de rester autour de Metz. La révolution n'allait-elle pas éclater à Paris, comme on le disait depuis plusieurs jours dans les camps ; le nouveau gouvernement, quel qu'il fût, n'accepterait pas, sans doute, l'héritage de l'Empire et ferait la paix.

Le roi Guillaume n'avait-il pas déclaré (avec autant d'habileté que de perfidie) qu'il ne faisait pas la guerre à la France, mais à l'empereur Napoléon III ?

Lui, maréchal Bazaine, n'avait-il pas intérêt à rester à Metz avec une armée intacte de 150,000 hommes ?

Cette idée de derrière la tête, bien arrêtée, absolument fixe, est, suivant moi, l'explication de tous ses actes à partir du 12 août, où il reçut le commandement suprême.

Les ordres qu'il donnera paraîtront incohérents, et ils le sont, en effet, parce qu'ils procèdent d'une idée fixe, mais d'un idée qu'il ne veut pas et ne peut pas avouer.

Bataille de Borny, 14 août.

Je n'ai pas à vous parler en détail de la bataille de Borny que vous connaissez. L'action, comme vous le savez, s'engage vers quatre heures contre les Allemands, qui cherchent à retarder notre retraite au delà de la Moselle, pendant que l'armée du prince Frédéric-Charles cherche à nous devancer sur la rive gauche, en franchissant la Moselle en amont de Metz.

Je ne résiste pas, cependant, à vous rappeler un des incidents de la lutte, qui nous procura un moment d'enthousiasme et de gaieté.

Un bataillon de chasseurs du 4e corps venait de déboucher à l'est de Saint-Julien. Nous trouvant à la ferme de Belle-Croix, d'où on embrassait tout le terrain montant vers Saint-Julien et Mey, nous vîmes ce bataillon dévaler au pas de course, la baïonnette au canon, et toute la ligne d'infanterie allemande qui lui était opposée faisant demi-tour, fuyant à toutes jambes, sautant tous les obstacles du terrain avec accompagnement de nombreuses culbutes.

Le rôle qu'eut à jouer notre batterie établie près de la ferme de Belle-Croix, à l'embranchement des routes de Sarrebruck et de Sarrelouis, me fournit l'occasion de dire quelques mots des changements d'objectifs qu'une batterie peut avoir à effectuer dans un temps très court.

Le maréchal Bazaine venait de s'arrêter dans notre batterie, montrant ce beau sang-froid que tout le monde lui a reconnu.

Le mouvement offensif du 3e corps français, renforcé par le 4e, avait arrêté et refoulé l'offensive des Allemands ; il nous dit qu'il venait de donner l'ordre de reprendre la retraite vers la Moselle. « Vous resterez là, ajouta-t-il, tant qu'il restera un fantassin devant vous. »

A ce moment, nous tirions sur des batteries allemandes qui se trouvaient sur les hauteurs de Noisseville, pour détourner leur feu de notre infanterie qui était déployée entre les routes de Sarrelouis et de Sarrebruck.

Dans le mouvement de retraite que venait d'ordonner le maréchal Bazaine, les batteries allemandes nous furent masquées par notre infanterie ; mais, en revanche, l'infanterie allemande, en suivant le mouvement de retraite de la nôtre, apparut sur les hauteurs de la rive droite du ravin de Lauvallier-la-Planchette ; elle n'était plus masquée par notre infanterie qui dévalait dans le ravin. Nous la prîmes immédiatement pour objectif jusqu'à ce qu'elle se fût égrenée et descendit à son tour les pentes du ravin de Lauvallier.

A ce moment, notre infanterie avait démasqué les batteries prussiennes, probablement les mêmes que tout à l'heure, mais qui s'étaient portées en avant, au Sud-Ouest de Noisseville : troisième changement d'objectif sur ces batteries. Enfin, notre infanterie continuant son mouvement de retraite, après avoir franchi le ravin de Lauvallier, nous masqua de nouveau les batteries allemandes : quatrième changement d'objectif sur le village de Nouilly où nous avions vu se masser des réserves allemandes.

Voilà, Messieurs, quatre changements d'objectif se succédant très rapidement.

Si j'ai cru devoir évoquer ce souvenir, c'est que dans les expériences que j'ai été chargé d'organiser comme président de la commission de réorganisation de l'artillerie, j'avais tenu à comparer le fonctionnement de la batterie de quatre pièces et de la batterie de six pièces en présence de trois ou quatre changements d'objectifs successifs. A la tribune du Sénat, on prétendit que de tels changements successifs ne se présenteraient pas sur les champs de bataille et étaient de la « chinoiserie ». Vous venez de voir, Messieurs, qu'il n'en est rien et que c'est une réalité qui peut se présenter très normalement et fréquemment sur les champs de bataille.

Pour employer la phraséologie actuelle, que je trouve un peu subtile, nous avions fait successivement fonction de contre-batterie, de batterie d'infanterie, puis encore de contre-batterie et, enfin, de batterie de bombardement, tout cela sans nous douter que nous méritions tant de qualificatifs divers, tout comme M. Jourdain faisait de la prose sans le savoir.

Après Borny on reprend, définitivement cette fois, la route de Châlons et nous franchissons la Moselle le 15 août, dans la matinée, neuf jours après le combat de Spickeren !

L'ordre du maréchal Bazaine, relatif à la journée du 15 août, mettait, vous le savez, toute l'armée sur une seule route, la grande route Metz-Gravelotte-Mars-la-Tour. Le maréchal n'était pas assez bête (passez-moi l'expression) pour ne pas savoir que cela équivalait à une impossibilité de sortir de Metz dans la journée du 15, et même du 16. Aussi, quand on insiste, comme il est bien obligé de se rendre à l'évidence, il accorde une seconde route, au Nord de la première.

Rezonville.

J'arrive à la bataille de Rezonville-Mars-la-Tour, dont l'historique vous a été fait ici même, il y a quelques semaines, par l'éminent écrivain militaire le colonel Rousset ; je ne m'y arrêterai donc pas longtemps.

C'est dans cette journée du 16 août que le maréchal Bazaine eut à déployer toutes ses ruses pour justifier la non-exécution de l'ordre que l'empereur lui avait donné en le quittant, de le suivre sur la Meuse ; et, ensuite, pour ne pas laisser ses lieutenants Canrobert, Lebœuf, Ladmirault, pousser à fond un mouvement offensif par notre droite, dont l'opportunité crevait les yeux de tout le monde ; mais Bazaine craignait que ce mouvement ne l'entraînât trop loin et compromît sa liaison avec le camp retranché de Metz.

Nous passons la nuit du 15 au 16 août au bivouac, dans un champ au Nord du bois de Saint-Marcel ; le réveil était commandé pour trois heures du matin, le départ pour quatre heures. Nous attendons en vain, pendant des heures, l'ordre de marcher. Vous savez que, vers six heures du matin, l'empereur quittait l'armée et partait pour Verdun.

Voici donc le maréchal Bazaine libre de toute entrave.

On vient nous dire successivement que le départ n'aura lieu qu'à dix heures, puis à une heure de l'après-midi, sous prétexte que le 4ᵉ corps (Ladmirault), qui marche par la route de Metz-Amanvilliers, se trouve en retard. Nous nous décidons à manger un morceau ; tout à coup, des obus éclatent à notre gauche, au-dessus du bois de Saint-Marcel, dans la direction de Vionville : c'est la division de cavalerie Forton qui est attaquée.

Je ne vous parle pas de l'entrée en action successive, que vous connaissez, du 2ᵉ corps (Froissard), du 6ᵉ corps (Canrobert), et d'une partie de la garde impériale (Bourbaki), en avant du front : bois de Saint-Marcel, Rezonville, Gravelotte.

A midi, le maréchal Lebœuf, après avoir pris les ordres de Bazaine, commence son mouvement combiné avec celui de Canrobert, pour déborder par notre droite la gauche des Allemands, vers Vionville, Mars-la-Tour. Je vais parler avec quelques détails de cette phase du combat, parce qu'elle mettra en évidence un rôle capital de l'artillerie, qu'on perd trop souvent de vue.

Les batteries de quatre de la réserve du 3ᵉ corps vont prendre position au Sud-Ouest de Saint-Marcel, entre le bois de Saint-Marcel et le bois de Tronville, face à Vionville.

En face d'elles, à 2,000 mètres environ, les Allemands, qui sont maîtres de Vionville, ont installé, le long de la grande route de Metz à Verdun, tant à l'Est qu'à l'Ouest de Vionville, une quantité considérable de batteries. Quant à nos deux batteries de 12, le colonel de Lajaille nous conduit luimême, en traversant le village de Saint-Marcel, sur les hauteurs au Sud-Ouest de Saint-Marcel pour couvrir l'extrême droite du 3ᵉ corps et prendre à revers les lisières occidentales du bois de Tronville.

Nous voyons tout à coup devant nous le village de Mars-la-Tour, dont le clocher est resplendissant de lumière, le soleil est encore presque au zénith, il est environ midi et demi.

A notre droite et en arrière, nous couvrant nous-mêmes sur notre flanc droit, la brigade de cavalerie de la garde, qui a accompagné l'empereur le matin jusqu'à Doncourt, est en bataille, face au Sud. Ses riches uniformes étincellent splendidement de lumière et de couleurs éclatantes, et soulèvent parmi nous des exclamations d'admiration.

Au Sud, nous enfilons les lisières occidentales du bois de Tronville, dans lequel crépite la fusillade ; c'est l'infanterie du maréchal Lebœuf qui commence son mouvement, elle refoule les Prussiens qui ont pris pied dans les bois.

Mais, devant nous, dans le secteur entre les bois de Tronville et Mars-la-Tour, rien ou presque rien ; l'autre batterie de 12, qui forme groupe avec nous, tire de temps en temps un coup de canon sur quelques cavaliers. Notre batterie reste en colonne sans mettre en batterie.

Au bout d'une heure environ, nous allons rejoindre, au Sud de Saint-Marcel, les autres batteries de la réserve d'artillerie du 3e corps ; celles-ci ont cessé de tirer, la fusillade a cessé aussi dans le bois de Tronville.

Nous apprenons, en effet, que le maréchal Bazaine a envoyé au maréchal Lebœuf l'ordre de suspendre son mouvement jusqu'à l'arrivée du général Ladmirault sur notre droite.

Le maréchal Bazaine arrive lui-même quelques instants après, et le vieux général Changarnier, qui a été autorisé à suivre la campagne avec le 3e corps, lui dit devant nous :

« Quel dommage, monsieur le maréchal, que vous n'ayez pas poussé à fond votre mouvement par votre droite pour les rejeter dans le ravin de Gorze ! »

Nous n'entendîmes pas la réponse du maréchal ; il reconnut, nous fut-il dit, que certainement le mouvement était à faire, mais il répéta qu'il fallait attendre l'arrivée du général Ladmirault.

Nous restâmes ainsi deux heures sans tirer un coup de canon, nos quarante-huit bouches à feu se regardant, face à face, avec la grande batterie allemande de Vionville.

Celle-ci se gardait bien d'entamer la lutte, car l'infanterie prussienne, qui venait de la vallée de la Moselle, par les ravins de Gorze, débouchait péniblement sur les plateaux au sud de Vionville et de Rezonville, et, du moment que l'artillerie allemande avait réussi à s'établir sur la route de Verdun, c'est-à-dire sur notre ligne de retraite, cette artillerie avait intérêt à ne pas précipiter le combat, en attendant d'être sérieusement appuyée.

Si bien que ces deux grandes masses d'artillerie restèrent environ deux heures face à face à se regarder silencieusement.

Cet emploi de l'artillerie, du côté français, résultant de l'ordre de Bazaine, est insensé. Nous aurions dû canonner cette artillerie ennemie : et si, en même temps, l'infanterie de Lebœuf, progressant par les bois de Tronville, et celle de Canrobert, partant de la voie romaine, avaient marché de l'avant, les Allemands eussent été délogés de Vionville et de la route de Verdun, et refoulés vers les ravins.

Cette masse d'artillerie ennemie, établie sur notre ligne de communication, avait l'air, dans son silence, de nous dire :

« Je vous attends, venez me déloger ! »

Cette situation, et d'autres analogues, étaient présentes à mon esprit quand, il y a quatre ans, je répondais à un questionnaire que m'avait envoyé le président de la Commission de l'armée de la Chambre des députés, M. Berteaux, quelques jours avant que je ne fusse nommé président de la Commission militaire de réorganisation de l'artillerie :

« Presque tout le monde, disais-je, ne voit que le rôle destructeur de l'artillerie ; on perd de vue que, dans les grandes batailles, où le front atteint, par armée, 10, 12, 14 kilomètres et plus, comme à Saint-Privat, l'artillerie forme l'ossature du champ de bataille. Elle constitue, pour le commandement supérieur, des points solides d'une ligne de bataille que l'ordre dispersé et la poudre sans fumée rendent pour ainsi dire invisibles.

« En d'autres termes, elle fournit au commandement des bases de manœuvre ; elle est dans sa main le régulateur du combat.

« L'artillerie permet ainsi de tenir, en économisant de l'infanterie dans une forte proportion, les glacis découverts ; elle permet, par conséquent, de réserver d'autant plus d'infanterie pour la manœuvre.

« Dans ce rôle de base de manœuvre, dans cette occupation des espaces découverts, l'artillerie agit souvent par la *menace seule* de son effet destructeur.

« Ce rôle de l'artillerie m'a beaucoup frappé du côté allemand comme du côté français dans les batailles autour de Metz, surtout dans les grandes journées des 16 et 18 août ; et, cependant, ni l'une ni l'autre de ces artilleries n'avaient la puissance de l'artillerie actuelle, etc., etc. »

Cependant, Ladmirault paraît à notre droite et Lebœuf reprend son offensive avec la division Aymard (le général Aymard a remplacé Decaen).

Mais, à peine a-t-il commencé que Bazaine, croyant ou feignant de croire que sa gauche est menacée d'être coupée de Metz, lui envoie et lui réitère impérativement l'ordre de diriger vers Rezonville la division Aymard. Ce mouvement va laisser en l'air la gauche de Ladmirault dans son mouvement en avant.

Le maréchal Lebœuf en est très irrité ; sa physionomie, son geste et sa parole trahissent son irritation bien légitime quand il dit, quelques instants plus tard à ma batterie, d'un ton bourru :

« Allez vous mettre à la disposition de la division Aymard dans la trouée du bois (entre le bois de Saint-Marcel et le bois Pierrot), allons ! vite ! au trot ! »

La batterie part au trot, mais comme tous les servants n'ont pas pu monter sur les coffres, nous les semons à travers les labours.

Je le fais remarquer au capitaine qui me répond :

« Mettons-nous d'abord à l'abri des coups de gueule, nous les attendrons ensuite ! »

Le commandant Jacquot m'emmène en reconnaissance, nous trouvons une position magnifique, au nord de Rezonville, d'où nous allons prendre, d'écharpe et de flanc, les batteries en face desquelles nous étions tout à l'heure.

Je n'ai jamais vu un terrain aussi malpropre que celui-là, d'une malpropreté lugubre : partout, autour de nous, des débris humains, surtout des corps de cuirassiers prussiens : la fameuse « chevauchée de la mort » de la brigade Bredow avait passé par là ; là aussi avait sauté un caisson d'une de nos batteries de quatre. Devant ma pièce de droite, un malheureux canonnier français avait les deux cuisses tranchées ; je voyais de face ses deux moignons sanglants ; son pantalon, sec comme de l'amadou, continuait à brûler lentement et deux petites colonnes de fumée, bien légères, s'élevaient au-dessus de ses cuisses. Devant ma pièce de gauche, un autre canonnier paraissait mort, lui aussi ; au moment où j'allais commander, pour la cinquième ou sixième fois « feu » à cette pièce, je vis deux bras se lever en l'air, face à moi ; j'arrêtai le commandement « feu » qui était sur mes lèvres pour le faire transporter à l'écart. Il avait été rappelé momentanément à la vie par la brûlure des gaz de la poudre. Quand mes canonniers le soulevèrent, tous ses vêtements tombèrent en lambeaux, ou plutôt en poussière ; je verrai toute ma vie ce pauvre corps nu qui n'était qu'une loque.

Notre batterie, prenant d'écharpe et de flanc les batteries allemandes, produit un effet extraordinaire, malgré la précision médiocre du canon 12 ; c'est que tous nos coups fusants portaient sur un objectif qui avait 7 ou 800 mètres de profondeur. Le projectile de 12 ne donnait pas beaucoup d'éclats, mais chacun d'eux pouvait briser un membre, enlever une partie de la tête, défoncer la poitrine ou le ventre.

De pareilles blessures produisaient sur la troupe qui les recevait un effet de dépression morale infiniment supérieur à celui d'un grand nombre de balles comme celles du fusil chassepot, ou comme les balles minuscules des obus à balles actuels français et allemands.

Aussi, après un nombre de coups relativement peu considérable, nous vîmes, à notre grand étonnement, les batteries prussiennes cesser le feu, leurs canonniers se rassembler derrière les pièces, et, laissant en place leurs canons, se retirer en bon ordre pour aller s'abriter derrière le remblai de la route.

Ceci montre combien une seule batterie qui prend de flanc une artillerie ennemie peut paralyser un nombre considérable de pièces.

Aussi, le règlement allemand de ces dernières années dit quelque part :

« Quand on peut combiner le tir de flanc avec le tir de face, on obtient des résultats considérables. »

Puis les Allemands envoyèrent deux batteries nous prendre l'une d'écharpe, l'autre de flanc ; elles furent très longues à régler leur tir ; le soleil étant déjà bas, chacune d'elles nous croyait beaucoup plus loin sur la lisière des bois qui se profilaient derrière nous.

Quand leurs obus finirent par tomber le long de la ligne de nos caissons, le commandant Jacquot nous fit changer d'emplacement.

Vous savez, Messieurs, comment, après la journée du 16 août, le général Bazaine, prenant pour prétexte le manque de munitions, qui n'était pas réel, écrivit à l'empereur qu'il se rabattait provisoirement sous les forts de Metz.

Saint-Privat.

Nous voici maintenant à la bataille de Saint-Privat, le 18 août ; le plan en est beaucoup plus simple que celui de la bataille de Rezonville, quoique les effectifs engagés aient été beaucoup plus considérables ; c'est que, le 18 août, c'est la bataille entre deux armées, qui restent, pour ainsi dire, parallèles jusqu'au soir, c'est-à-dire jusqu'à l'entrée en action du corps saxon sur notre droite.

Vous savez tous que, pendant cette grande bataille, le maréchal Bazaine se confina, à peu près toute la journée, à Plappeville, dans la maison du maire de Metz, M. Le Bouteiller.

Je n'ai pas besoin de vous rappeler l'échec de Steinmetz sur notre gauche, devant la ferme de Moscou, et sa déroute lamentable vers le ravin de la Mance.

Le général Changarnier, qui accompagnait le maréchal Lebœuf, s'écria, devant ce spectacle : « Qu'attend donc Bazaine pour faire marcher son infanterie, ces gens-là ne demandent qu'à s'en aller ! »

Ce propos fut tenu devant M. le général Jamont (alors chef d'escadron), qui se trouvait à l'état-major du général Lebœuf, et qui me l'a cité dans une lettre.

L'émoi, en effet, fut grand chez les Allemands. D'autre part, sur notre droite, l'échec de la garde royale prussienne, nous fournissait l'occasion de faire une contre-attaque qui aurait été probablement décisive, si la garde impériale française eût été engagée, au lieu de rester immobilisée et inutile toute la journée.

La garde royale prussienne avait éprouvé de telles pertes dans son attaque contre Canrobert que le glacis de Saint-Privat, où elle fut si éprouvée, est appelé, comme vous le savez, en Allemagne, le champ de deuil de la garde royale.

Le soir encore, quand le corps saxon déborda et enveloppa le maréchal Canrobert, notre garde impériale aurait pu, en tombant dans le flanc des Saxons, les rejeter dans la vallée escarpée de l'Orne.

Dans sa situation critique, le maréchal Canrobert, qui avait déjà fait demander l'intervention de la garde, envoya au maréchal Bazaine son aide de camp, le commandant Lonclas, qui me raconta ce qui suit le surlendemain :

En suivant la route de Saint-Privat à Metz, le commandant Lonclas vit les convoyeurs, pris de panique, qui dételaient déjà leurs chevaux, montaient dessus, et dévalaient vers Metz au galop.

En arrivant à Plappeville, dans la maison de M. Le Bouteiller, le commandant demande instamment au maréchal Bazaine, de la part de Canrobert, de le faire appuyer par la garde impériale.

« Dites donc au maréchal, répond Bazaine, que je ne lui demande qu'une chose : *c'est de conserver ses positions.* »

Le commandant Lonclas, qui venait de voir toute la gravité de la situation, stupéfait de la réponse du maréchal Bazaine, lui réplique sur un ton très vif :

« Mais il ne s'agit pas, monsieur le maréchal, de conserver nos positions ; il s'agit d'éviter un désastre ! »

Le maréchal Bazaine comprend, d'après le ton sur lequel le commandant lui a répondu, que la situation est plus grave qu'il ne le suppose : « Dites au maréchal Canrobert, reprit-il, que je vais lui envoyer quatre batteries à cheval de la garde. »

Ces batteries arrivèrent à la nuit tombante, firent une mise en batterie et ouvrirent le feu avec une rapidité très impressionnante ; leur effet matériel ne fut peut-être pas très grand, mais elles produisirent un effet moral considérable : elles réconfortèrent les nôtres et arrêtèrent les Allemands qui crurent à un retour offensif.

Dans la réponse du maréchal Bazaine au commandant Lonclas, il y a un mot qui dévoile sa pensée intime pendant tous ces événements.

Que demandait-il à Canrobert ? une seule chose : *garder ses positions.*

Ainsi, il avait laissé, dans cette journée, échapper trois occasions de remporter un succès peut-être décisif : d'abord après l'échec de Steinmetz ; ensuite, après celui de la garde royale prussienne ; enfin, le soir, en ne lançant pas la garde impériale française sur le corps saxon.

Peu lui importait, il voulait avant tout se cramponner à Metz et y attendre les événements.

Avant de finir ces quelques observations sur la journée du 18, voici un incident qui met en évidence l'emploi de l'artillerie pour produire un effet moral, indépendamment de tout résultat matériel :

Vers neuf heures du soir, le général de Bercklheim donne l'ordre à nos batteries d'exécuter « un feu d'enfer » contre les batteries allemandes de Gravelotte.

La longue ligne des batteres prussiennes, de Gravelotte à Mogador, riposte ; la nuit est noire, le village de Gravelotte brûle, les éclairs des mille détonations des bouches à feu et des projectiles sillonnent le ciel, le spectacle est des plus impressionnants.

Nous trouvions absurde, tout d'abord, cette canonnade dans la nuit, pendant laquelle aucune des deux artilleries ne fit de mal sérieux à l'autre. Mais nous comprimes, après coup, le but de cette immense canonnade. Les Allemands, étonnés, crurent vraisemblablement à un mouvement offensif de tout notre centre, et n'eurent pas l'idée d'inquiéter les 3e et 4e corps d'armée, qui venaient de recevoir l'ordre de s'écouler par le ravin de Châtel-Saint-Germain vers l'intérieur de la ligne des forts de Metz.

Après cette bataille, qui fut une des plus grandes du siècle, on fut étonné de ne pas voir paraître, pendant plusieurs jours, l'ordre du maréchal relatif à cette journée du 18 ; plus grand encore fut cet étonnement lorsque cet ordre parut sous le nom de « défense des lignes d'Armanvilliers ».

Affaires de Noisseville, 31 août et 1er septembre.

Dans la journée du 31 août, première journée de Noisseville, je tiens à vous signaler un combat à la baïonnette qui nous combla de joie et où je constatai la supériorité écrasante de notre troupier sur le Prussien dans ce genre de combat.

Je montais, avec ma batterie, en suivant la route de Sarrelouis, vers la brasserie de l'Amitié. J'aperçois, se détachant sur le ciel, des ombres chinoises animées de mouvements les plus fantastiques ; en approchant, je vois qu'il s'agit d'un combat à la baïonnette dans le verger de la brasserie.

Nos fantassins y vont de tout cœur, faisant des bonds en avant, en arrière, des voltes à droite et à gauche, avec une agilité et une vigueur qui déconcertent les Allemands.

La plupart de ces derniers renoncent à se défendre, jettent leurs fusils, se sauvent ou se mettent à genoux.

Aussi, lorsque faisant partie de la Commission de revision du règlement d'infanterie, sous la présidence du général Lucas, en 1900, la majorité de la Commission semblait disposée, pour alléger le règlement, à rejeter dans une annexe l'escrime à la baïonnette qui paraissait n'avoir plus qu'une importance secondaire, je demandai la parole.

Il pouvait paraître étrange, fis-je remarquer, qu'un artilleur prît la défense de la baïonnette au moment où on avait des fusils portant à plus de 3,000 mètres et des canons à 7,000. Je racontai le combat dont je viens de vous dire quelques mots, et que j'avais suivi de près.

En raison même de la puissance des nouvelles armes à feu, n'allions-nous pas recommander dans le nouveau règlement l'emploi des couloirs, des bois, des couverts en général, pour approcher l'adversaire ?

Ne se trouverait-on pas, bien souvent, nez à nez avec son ennemi, les yeux dans les yeux ; à ce moment-là, il ne s'agirait pas de tirer des coups de fusil, mais de jouer de la baïonnette.

Même raisonnement pour les opérations de nuit destinées à devenir plus fréquentes.

La grande puissance des armes à feu, concluai-je, rendra à la baïonnette toute son importance, quelque paradoxal que cela paraisse.

J'eus le grand plaisir de voir la Commission adopter ma conclusion ; et l'escrime à la baïonnette, quoique à mon avis trop réduite, fut maintenue dans le corps du règlement.

Dans cette même soirée du 31 août, le général de Rochebouët appelle notre batterie près de la brasserie de l'Amitié d'où on aperçoit un certain nombre de batteries allemandes réparties sur les hauteurs de Servigny et de Sainte-Barbe. Me trouvant à l'extrême droite et ayant à côté de moi le général de Rochebouët, je lui demande parmi tous ces objectifs lequel choisir : « Mais tirez donc ! » me répond-il, avec un geste qui voulait dire : « Peu importe ! tirez sur ce que vous voudrez, mais tirez vite ! » Je commande « feu », tout en trouvant sa réponse cynique ; mais quelques secondes après, je comprends qu'elle ne l'est pas. En effet, dès que nos premiers coups de canon ont révélé notre présence, une grande partie de l'artillerie ennemie riposte, et cesse de tirer sur notre infanterie (la brigade Clinchant) qui se trouvait en position d'attente, incomplètement dissimulée dans un pli de terrain, devant nous. En même temps, tous les tambours de la brigade Clinchant battent la charge avec un entrain endiablé ; la brigade, qui s'énervait dans son immobilité, part de même, court, la baïonnette au canon, et en quelques minutes Noisseville est enlevé.

Vous voyez ici deux effets de l'artillerie : effet matériel en détournant de notre infanterie le feu de l'artillerie ennemie ; effet moral en mettant du cœur au ventre au fantassin qui se sent soutenu par le canon ami. Il importait peu, pendant ces quelques minutes, que nos obus atteignissent ou n'atteignissent pas les batteries ennemies. Le général de Rochebouët avait parfaitement raison dans son cynisme apparent.

Cette journée du 31 août aurait eu des résultats autrement décisifs si l'action, au lieu d'être retardée par le maréchal Bazaine, *jusqu'à quatre heures du soir*, avait été commencée à dix heures du matin. C'est toujours la même tactique : avoir l'air de faire quelque chose pour donner satisfaction au sentiment de l'armée, mais s'arranger pour ne pas être entraîné en dehors de Metz où il attend les événements. Cette tactique fut qualifiée le lendemain de son vrai nom par mon chef d'escadron, le commandant Jacquot.

Le lendemain, 1ᵉʳ septembre, le général de Rochebouët avait donné rendez-vous à notre batterie au Sud de Noisseville ; après nous avoir indiqué notre rôle, il dit au commandant Jacquot, qu'il avait pris à part : « Vous vous retirerez quand les Prussiens entreront dans Noisseville. »

« Comment ! lui répond vivement le commandant, au moment où nous allons nous battre, il est décidé que les Prussiens entreront dans Noisseville ! C'est donc une comédie que nous jouons ici ! Eh bien, mon général, je ne me retirerai pas sans un ordre formel de vous ! »

Oui, mes chers camarades, comédie ! comédie lugubre, mais toujours comédie ! (1)

Le commandant tint sa parole, il ne se retira pas quand les Allemands furent dans Noisseville. Mais, bientôt, la situation de notre batterie devenant critique, il m'envoya au galop demander des ordres au général de Rochebouët. Je le trouvai avec le maréchal Lebœuf et quelques officiers auprès du verger de la brasserie de l'Amitié, où j'avais

---

(1) Ceci vise, bien entendu, le commandement supérieur, et non le général de Rochebouët qui se conformait aux ordres reçus.

vu, la veille au soir, le brillant combat à la baïonnette dont je vous ai parlé :

Toutes nos troupes ayant reçu l'ordre de rentrer dans leur camp sous Metz, plusieurs batteries allemandes concentraient leur feu sur ce groupe d'officiers ; le maréchal Lebœuf refusait de se retirer : on a dit qu'il voulait se faire tuer ; je le crois fermement. Il n'y réussit pas ; mais son chef d'état-major, le général Manèque, fut blessé mortellement.

En m'apercevant, le général de Rochebouët me dit, avant que je n'eusse ouvert la bouche : « Dites au commandant Jacquot de se retirer avec votre batterie. »

J'aurais encore à vous raconter quelques incidents qui pourraient vous intéresser au sujet des combats et des événements auxquels j'ai assisté pendant ces trois mois sous Metz, mais l'heure s'avance et je ne veux pas abuser de votre patience.

Le moral de nos troupes resta bon jusqu'au dernier jour ; la veille de la capitulation, un de mes vieux artificiers, qui avait fait la Crimée et l'Italie, me disait, les larmes dans la voix :

« N'est-ce pas triste, mon lieutenant, de livrer aux Prussiens un vieux brindezingue comme moi qui ne demande qu'à se faire casser la gueule ».

Je ne vous mènerai pas, mes chers camarades, à la dernière scène de ce drame poignant, aux avant-postes allemands où nous dûmes nous séparer de nos hommes.

Je n'ai pas connu, dans ma vie, une scène plus émouvante, plus cruelle, plus déchirante.

Pendant toute cette campagne de Metz, du premier jusqu'au dernier jour, la politique a pesé lourdement sur les opérations militaires ; et voilà comment fut sacrifiée une armée magnifique, à qui sa valeur, les circonstances et les fautes commises par l'ennemi ont tant de fois offert la victoire.

Je ne voudrais pas prolonger cette trop longue causerie et cependant, pour arriver à une conclusion d'ordre général, je ne puis m'empêcher de vous dire que l'armée de Sedan, elle aussi, fut victime de la politique.

Trois fois, pendant la marche du camp de Châlons vers Metz, le maréchal de Mac-Mahon s'arrêta, convaincu de l'impossibilité d'un pareil mouvement avec une armée qui n'avait pas eu le temps de prendre corps, qui n'était qu'un rassemblement d'éléments les plus divers et où régnait une grande démoralisation.

L'opération qu'on lui demandait aurait exigé, au contraire, pour avoir quelque chance de succès, des troupes parfaitement entraînées, d'un moral solide, dans la main de leurs chefs.

Pour la troisième fois, Mac-Mahon s'arrête au Chêne-Populeux, pouvant encore se rabattre sur Paris par un détour au Nord, mais il reçoit la dépêche suivante du gouvernement :

« Par ordre du Conseil de régence et du Conseil des ministres, marchez sur Metz. »

Quand cette dépêche est lue au Conseil de guerre, présidé par l'empereur, au Chêne-Populeux, le maréchal donne un coup de poing sur la table en disant : « Puisqu'on veut que nous nous fassions casser la tête, nous nous la ferons casser ! »

J'ai appris ces détails dès le mois de novembre 1870 par le général de Galliffet, avec lequel je me suis trouvé en captivité, et qui avait eu connaissance de la dépêche du Conseil de régence.

Il y a quatre ans, dans un de mes voyages d'état-major, je visitais, dans une maison du Chêne-Populeux, la pièce où s'était tenu le Conseil de guerre. La personne qui m'accompagnait avait souvent entendu dire qu'en sortant du Conseil, l'empereur Napoléon pleurait.

Mes chers camarades,

Le grand enseignement, le plus haut enseignement à tirer de ces terribles événements et de tant de désastres, c'est que la politique, l'affreuse politique doit rentrer sous terre — je ne cesserai de le répéter tant que j'aurai un souffle de vie — lorsque l'intérêt de la défense nationale est en jeu.

Nous sommes en droit d'espérer qu'il en sera ainsi, nous ne voulons pas en douter, quand nous nous rappelons quelle a été la belle attitude de tous les Français, unis dans un sentiment commun de patriotisme, il y a six mois, alors que l'orage s'amoncelait sur notre frontière.

www.ingramcontent.com/pod-product-compliance
Lightning Source LLC
Chambersburg PA
CBHW060927050426
42453CB00010B/1883